Börsenkrach bei Hundertpfunds

Börsenkrach
bei
Hundertpfunds

von Marie Zucker und Fritz Keselitz
bebildert von Theo Schäuffele

Der kleine August
München 2007

Impressum

Adalbertstr. 14, 80799 München, Tel. 089-38989159
www.derkleineaugust.de
www.augustdreesbachverlag.de

Das Buch entstand in Zusammenarbeit mit der Börse München.
www.boerse-muenchen.de

München 2007

Printed in Germany, 1. Auflage 2007
ISBN 978-3-940061-03-4

Autoren: Marie Zucker und Fritz Keselitz
Illustrationen, Titelentwurf und Gestaltung: Theo Schäuffele
Gesamtherstellung: peschke druck, München, www.peschkedruck.de

für Ines, Nele und Tanja

Der schwarze Freitag

Der Boden vibrierte. Der Kronleuchter wackelte, und die Gläser in der Vitrine im Esszimmer stießen klirrend aneinander. In der Luft lag eine Spannung wie kurz vor einem Gewitter, nur dass sich diese Spannung auf die Hundertpfundsche Wohnung beschränkte, während draußen die Vögel unbeirrt weiter tschilpten und die Sonne aufs Schönste schien. Trixi, der kleine weiße Hund von Hundertpfunds, hatte sich unters Sofa zurückgezogen und hielt sich seine Ohren mit den Vorderpfoten zu. Leopold wusste, was diese Vorzeichen zu bedeuten hatten: wie jeden Freitag würde jetzt gleich der Börsenkrach losbrechen.

Im Flur hörte man schon die Mama schimpfen. Norbert, in Badeschlappen und hellblauem Bademantel, saß am Computer im Wohnzimmer, starrte durch seine braune

Hornbrille äußerst konzentriert auf den Monitor und versuchte den Eindruck zu erwecken, als ob das, was um ihn herum passierte, ihn überhaupt nichts anginge. Im Radio lief Bayern 5 und im Fernseher n-tv. Das Schimpfen kam näher, wurde lauter, und dann kam die Mama wütend mit hochrotem Kopf herein, bahnte sich einen Weg durch die aufgeschlagenen Tageszeitungen auf dem Fußboden und fegte einen Stapel des „Börsenblatts" vom Wohnzimmertisch. „Du kümmerst dich um überhaupt nichts! Es gibt nichts zu essen und schau mal, wie es hier aussieht! Wir haben doch schon tausendmal ausgemacht, dass du dich um den Haushalt kümmerst, wenn ich in der Arbeit bin. Und dass du Leopold was zum Essen machst. Es ist ein Uhr mittags und du bist noch im Bademantel. Du interessierst dich nur noch für deine saublöde Börse!"

Totenstille. Selbstverständlich war es bei Hundertpfunds strengstens verboten, solche Wörter wie „saublöd" in den Mund zu nehmen, aber wenn Mama sich aufregte, rutschte ihr so was schon mal raus. Norbert rief, dass er sich mit dem Haushalt total unterfordert fühle. „Ha! Das merkt man! Wohl eher total überfordert, mein Lieber!" giftete die Mama. Ein Wort gab das andere, und in kürzester Zeit waren die beiden in einen schrillen Streit verwickelt, standen sich gegenüber, fuchtelten wild mit den Händen und schrien sich an. Trixi, die

wieder unter dem Sofa hervorgekrochen war, heulte dazu in den höchsten Tönen.

Da war er also wieder, der Börsenkrach, wie jeden Freitag. Der Börsenkrach fand deswegen immer am Freitag statt, weil die Mama dann von der ganzen Woche erschöpft war und sich aufs Wochenende freute. Wenn dann mit dem Haushalt nicht alles in Ordnung war, wurde sie eben wütend. Leopold ging in die Küche, setzte sich auf einen der Küchenhocker und blickte traurig vor sich hin. Für ihn gab es nichts Schrecklicheres, als wenn Mama und Norbert einen Streit hatten, für ihn gab es nichts Schrecklicheres als einen Börsenkrach.

Die Nachbarn in dem schönen alten Wohnhaus in der Adalbertstraße nannten den Freitag schon nur noch den „schwarzen Freitag", weil es so oft Streit bei Hundertpfunds gab. Und sie antworteten auf den enormen Krach bei Familie Hundertpfund ihrerseits mit viel Krach. Sie trommelten von allen Seiten gegen die Wände und schrien durch den Hausflur: „Ruhe da oben! Ihr Gschwerl!"

An diesem Freitag hatte es Frau Siebenpfennig wieder mal besonders wichtig: „Das kommt davon, wenn die Frau zum Arbeiten geht und der Mann daheim bleibt! Die ganze Familie ist zerrüttet! Solche modernen Ideen! Das kann ja nichts werden! Und nicht einmal verheiratet sind die zwei!"

Trixi war inzwischen aus lauter Verzweiflung zu einem durchdringenden Bellen übergegangen. „Ich ruf' die Polizei!" gellte die keifende Stimme von Frau Siebenpfennig durchs Treppenhaus. Und wie immer machte sie ihre Drohung wahr. Und wie jeden Freitag waren es der Wachtmeister Hinterhuber und der Wachtmeister Vorderhuber, die Dienst hatten und in der Adalbertstraße für Ordnung sorgen mussten, was sie dann auch taten.

Unten im Haus kam gerade die alte Frau Goldstück in den Flur geschlurft. „Ja was ist denn los?“ fragte sie die netten jungen Polizisten. „Börsenkrach bei Hundertpfunds“ antwortete Wachtmeister Hinterhuber. „Bitte?“ Frau Goldstück hatte nichts gehört. „Aber geh, Hinterhuber, die Frau ist doch taub.“ Frau Goldstück suchte ihr Hörrohr. Hinterhuber schrie hinein: „Börsenkrach bei Hundertpfunds!“ „Aber Herr Wachtmeister, ich bin doch nicht taub!“ Sie bemerkte noch: „Ach so, wenn sonst nichts ist“, steckte das Hörrohr in ihr Schürzenkleid und schlurfte in ihren Hausschuhen zurück in ihre Wohnung.

„Mei, die Frau braucht doch auch einmal ein richtiges Hörgerät ...“ Vorderhuber kam nicht dazu, diesen Gedanken weiter auszuführen, denn im ersten Stock trafen sie auf Kammersänger Erdmann, der zusammengeknickt in der Ecke des Treppenhauses saß, den Kopf in die Arme vergraben hatte und schluchzte: „Ich halte das nicht mehr aus. Ständig diese Streitereien! Dieses Geschrei! Ich bin ein sensibler Künstler. Ich brauche eine friedliche Atmosphäre. Ich versuche Yoga zu machen.

Das Sonnengebet. Ich muss mich für meinen Auftritt heute Abend sammeln. Die Hundertpfunds müssen in die Therapie. Nur das könnte noch helfen. Ich jedenfalls kann so nicht weiterleben!“ Hinterhuber klopfte ihm beruhigend auf die Schulter. „Gehn's, Herr Erdmann, des wird scho wieder. Jetzt machen Sie sich erstmal einen Nerventee zur Beruhigung.“ Und sie manöverierten den ramponierten Kammersänger zurück in seine Wohnung.

Im zweiten Stock tobte Herr Meier. Er hatte einen hochroten Kopf und trommelte wie verrückt gegen die Wand. „Ich flippe aus! Ich werde wahnsinnig! Ich brauche doch meinen Schlaf!“ Franz Meier war ein Trambahnfahrer wie aus dem Bilderbuch. Grantig und brummig und überhaupt nicht auszuhalten, wenn er nicht gscheit geschlafen hatte. Schließlich hatte er Schichtdienst und musste oft um vier Uhr morgens aufstehen. Wenn man ihn von der Seite anschaute, sah man, dass seine Augenbrauen genauso struppig und im selben Bogen von seinem Gesicht weg standen wie sein Schnurrbart. Vorderhuber und Hinterhuber bugsierten auch den schimpfenden Herrn Meier zurück in die Wohnung und so wurde der Tumult nach und nach weniger. Endlich standen die beiden pflichtbewussten Polizeibeamten vor der Tür von Hundertpfunds. Die kluge Hundedame Trixi hatte einen siebten Sinn für Polizisten und wusste genau, wann sie die Schnauze halten musste: nämlich jetzt. Sie stellte das Bellen ein, als Hinterhuber gerade klingeln wollte.

Mama machte die Tür auf, und Hinterhuber und Vorderhuber traten ein. Die anderen Hundertpfunds taten schwer beschäftigt. Norbert, der eigentlich kein richtiger Hundertpfund war, denn er war ja mit Mama nicht verheiratet, nahm ein Staubtuch und wischte die Kommode im Flur. Leopold kam mit einem Kochbuch unterm Arm aus der Küche und fragte scheinheilig: „Norbert, kannst du mir bitte die große Pfanne oben aus dem Küchenregal holen? Ich möchte doch heute Wiener Schnitzel braten!“ Er wusste zwar nicht, wie man das machte, aber er fand, dass sich das sehr professionell und sehr nach heiler Familie anhörte. Trixi schnüffelte in den alten Ausgaben des „Börsenblatts“, die auf dem Boden herumlagen, um anzudeuten, dass es gleich mit Norbert zu einer Fachdiskussion über die Entwicklung an der Börse kommen würde. Bayern 5 berichtete, dass der deutsche Aktienindex weiter auf Talfahrt sei. Den Polizeibeamten musste doch klar sein, dass hier eine ganz normale, nette Münchner Familie mit Hund den Freitagnachmittag verbrachte. Oder etwa nicht?

Aber Hinterhuber und Vorderhuber kannten die Szene, es war ja nicht das erste Mal, dass sie ihre gemütliche Wache in der Türkenstraße verlassen mussten, um bei

den Hundertpfunds einen Streit zu schlichten. „Immer, aber auch wirklich immer“, sagte Hinterhuber, „müssen wir kommen, wenn wir gerade unsere Mittags-Würschtel-mit-Kraut-Pause haben“, und er fügte in Gedanken hinzu: „... und das macht mich stinksauer!“ Er wurde bei der Strafpredigt, die er nun den Hundertpfunds hielt, immer lauter, denn der Gedanke an die Mittags-Würschtel-mit-Kraut, die nun ihr Chef, der dicke Huber, auf der Wache alleine verzehren würde, schmerzte ihn sehr. Er spürte förmlich ein größer werdendes Loch in seinem Bauch. Vorderhuber konnte seinen Kollegen gerade noch bremsen, denn er hörte bereits wieder erste Trommelgeräusche von Herrn Meier gegenüber. Vorderhuber sagte umgänglich: „Liebe Hundertpfunds. Ging es wieder um das ewige Spekulieren an der Börse?“

Mama machte unbeholfen eine Handbewegung, mit der sie andeuten wollte, dass sie sich ja gar nicht streiten und dass es schon gar nicht wieder einmal um die Börse geht. Ihr war das alles furchtbar peinlich. Dann gab sie es aber doch zu. Leopold vernahm in der Küche Wörter wie „Börsenkrach“, „Geschirrspülen“, „Ruin“, „Mittagessen“, „der Norbert“ und „die Blase platzt“. Hinterhuber wiederholte die letzten Worte und fragte, ob er mal das Klo benützen dürfte, Mama sagte „Ja!“ und Hinterhuber verschwand. Vorderhuber erklärte: „Also doch wieder

der schwarze Freitag! Das war aber jetzt wirklich das letzte Mal. Kommt das noch einmal vor, nehmen wir Sie alle mit auf die Wache, und da bleiben Sie dann über Nacht. Sie wissen, wie die Leute tratschen. Wenn das Ihr Chef erfährt, Frau Hundertpfund, und Herr Müller! Für Sie ist das ja wohl auch peinlich." Der Norbert hieß mit Nachnamen Müller.

Mama, Norbert und Trixi wurden bei dieser Vorstellung ganz bleich. Trixi wurde so bleich, dass der schwarze Fleck um ihr linkes Auge kaum noch zu erkennen war. Alle Hundertpfunds schworen Besserung. Hinterhuber kam von der Toilette, und die beiden Ordnungshüter begaben sich zurück auf die Wache. „Schönes Wochenende, die Herrschaften." „Ihnen auch. Auf Wiederschaun!"

Wie alles anfing

Norbert und Mama hatten sich also beruhigt, und der Nachmittag ging friedlich vorüber. Abends schauten sich sogar alle zusammen „Wer wird Millionär?“ an. Nur einmal sagte die Mama wütend: „Dann geh’ doch zu Günther Jauch, da wirst du vielleicht Millionär und dann kannst du endlich mit deinem Spekulieren aufhören!“ Danach ging Leopold ins Bett, aber er konnte nicht einschlafen. Er lag auf seinem Bett, schaute an die Decke, wo die Straßenlaterne durch das Rollo Lichtstreifen hinmalte, und dachte nach.

Die Mama war eine bayerische Beamtin. Der Norbert war kein Beamter, er war Musiker. Ein Komponist. Leopold hörte ihm gerne zu, wenn er auf dem Klavier spielte. Manchmal dachte er sich Melodien für Werbespots aus. Aber irgendwie konnte man damit nicht genug Geld verdienen und so machten Mama und Norbert aus, dass die Mama das Geld verdient und der Norbert sich um Leopold, Trixi und den Haushalt kümmert. Leopold hoffte, dass das Modell funktionierte, denn er mochte den Norbert sehr gern. Nachdem sein Papa nach Berlin gegangen war, weil sich seine Eltern hatten scheiden lassen, wünschte sich Leopold, dass Norbert eines Tages so etwas wie sein neuer Vater werden und dass er die Mama heiraten würde. Schließlich, so sagte der Norbert immer, die Mama tut ja nur so spießig, in Wirklichkeit ist sie total cool.

Eines Tages sagte der Norbert, er wolle einen Computer kaufen. Die Mama lehnte das ab, weil, wie sie sagte, ein Computer die Kinder dazu verführe, den ganzen Tag solche „Ballerspiele" zu spielen, anstatt mal ein Buch zu lesen oder ein Brettspiel zu spielen. Aber Norbert überzeugte sie, dass ein Computer nicht nur bei ihr im Büro äußerst nützlich sei, sondern eben auch zuhause. Man könne Gemüse von der „Biokiste" übers Internet bestellen oder nachschauen, was im Kino läuft. Außerdem gäbe es auch pädagogisch hochwertige Spiele für Kinder für den Computer. Die Mama ließ sich überreden, und es wurde also ein Computer gekauft. Der Computer war tatsächlich ganz nützlich, die Mama benutzte ihn zum Schuhe bestellen im Internet, und Leopold konnte viele Sachen für die Schule nachschauen.

Doch einmal, als die Mama im Speicher nach einer alten Handtasche suchte, fand sie zwar nicht die Handtasche, dafür aber Norberts, wie sie es nannte, „Börsenlager". Stapelweise „Börsenblatt" und „Wirtschaftsmagazin", Bücher über die Börse und Kontoauszüge. Schnell wurde der Mama, die ja auch nicht auf den Kopf gefallen war, klar, dass Norbert den Computer benutzte, um Aktien zu kaufen und zu verkaufen. Mama regte sich furchtbar darüber auf. Sie schrie, dass sie überhaupt nichts von solchen „dubiosen Geschäften" halte. Dass Aktien unseriös wären und dass das nur Leute machten, die sonst nichts könnten, um damit ihr Geld zu verdienen. Norbert protestierte, dass man nur mit Spekulieren an der Börse wirklich zu Geld kommen könne. Dass man dafür jede Menge wissen müsste und viel Erfahrung bräuchte. Dass das beileibe nicht jeder so einfach könnte. Schnell waren Mama und Norbert in den schönsten Streit verwickelt. Und so gab es den ersten großen Börsenkrach in der Familie Hundertpfund und den ersten Besuch der Polizisten Vorderhuber und Hinterhuber von der Polizeiwache in der Türkenstraße. Hinterhuber und Vorderhuber sagten: „Ja mei, heutzutage spekuliert doch jeder." Mama aber erklärte: „Wir sind eine anständige Familie, ich bin eine bayerische Beamtin und in unserer Familie hat noch nie jemand spekuliert."

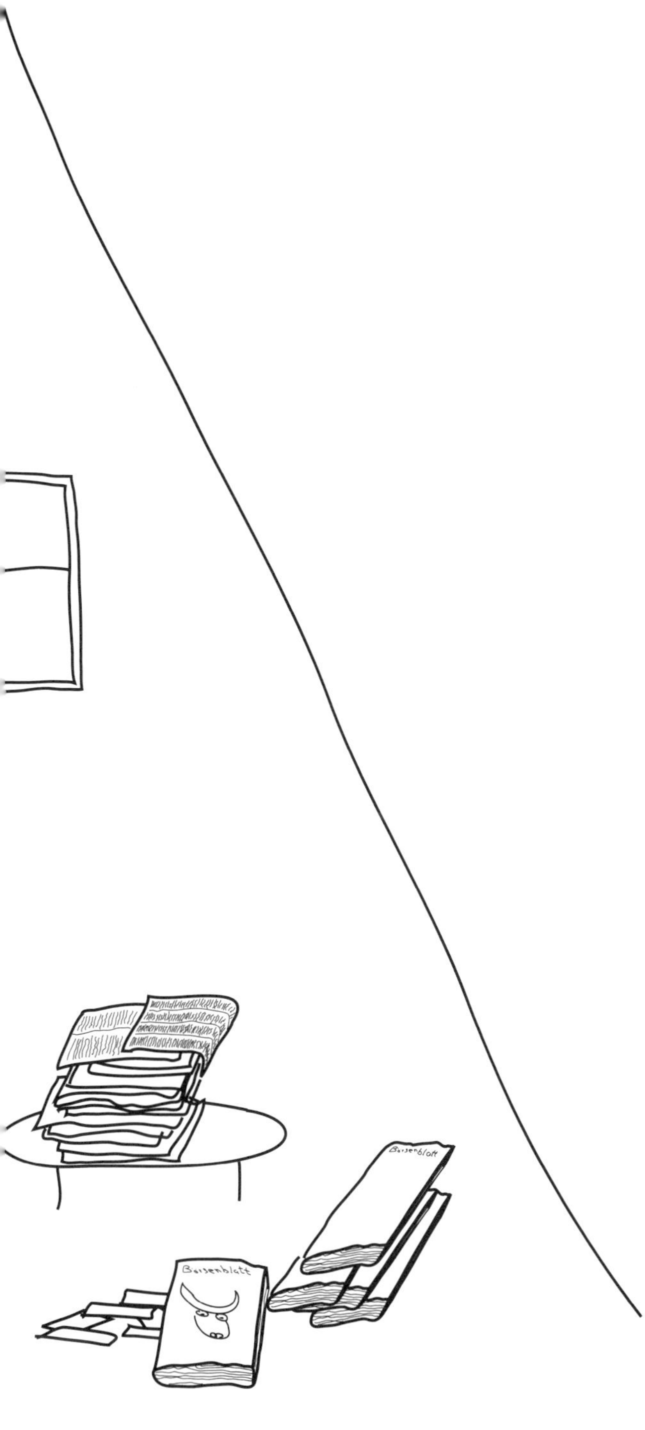
Börsenblatt
Börsenblatt

Damals, das war vor zwei Jahren, da wusste Leopold noch nicht, was Spekulieren ist. Er kannte Spekulatius, die Plätzchen, die es immer zu Weihnachten gab. Er dachte, jemand hätte bei ihnen eingebrochen und die Spekulatiuskekse gestohlen. Leopold war völlig fertig, es war ja schließlich kurz vor Weihnachten. Dann aber bekam er mit, dass es nicht um Spekulatius und Weihnachten ging, sondern um das Spekulieren an der Börse.

In den Weihnachtsferien fragte Leopold deshalb seinen Opa, bei dem sie zu Besuch waren. „Wie das genau funktioniert", sagte der Opa zu ihm, „das kann ich dir auch nicht erklären. Aber was die Mama sagt, nämlich dass noch nie jemand in der Familie Hundertpfund mit Aktien spekuliert hätte, das stimmt nicht. Wir Hundertpfunds haben schon früher Aktien gehabt, schon vor 80 Jahren, als ich geboren wurde." Leider, so erzählte der Opa weiter, verloren die alten Hundertpfunds dabei sehr viel Geld. 1929 kam es nämlich in New York zum größten Börsencrash überhaupt. „Das passierte an einem Freitag, der dann 'Schwarzer Freitag' genannt wurde." Opa erklärte Leopold: „Die Mama ist deswegen gegen die Börse und gegen das Spekulieren. Obwohl sie damals noch nicht auf der Welt war, weiß sie davon, und nun hat sie Angst, die Geschichte könnte sich wiederholen."

Leopold wollte aber unbedingt wissen, was das ist, das „Spekulieren“, und fragte den Norbert. Norbert sagte: „Das verstehst du noch nicht, Poldi. Die Börse mit ihren Aktien ist viel zu schwer für dich.“ Einige Sachen erklärte er ihm dann doch: „Pass auf, Poldi. Ich kaufe Aktien von Firmen, wie zum Beispiel von Coca Cola. Damit gehört mir ein kleines Stück von dem riesengroßen Betrieb Coca Cola. Du kannst es dir vielleicht so vorstellen: Coca Cola hat viele Fabriken, in denen täglich Millionen Flaschen und Dosen abgefüllt werden. Dann werden sie in der ganzen Welt verkauft. Daran habe ich mit meinen Aktien einen kleinen Anteil. Und weil wir eine Familie sind, sind es auch deine Anteile.“ Dabei lächelte er selig und streichelte Leopold über den Kopf. Auch Trixi hatte andächtig zugehört und machte den Eindruck, als hätte sie alles verstanden. Aktien einer Hundefutterfabrik wären ihr natürlich lieber gewesen. Leopold war damals wirklich noch zu klein, er wollte nun doch lieber spielen gehen und sagte nur „Au fein!“ und wanderte wieder in sein Zimmer. Cola durfte er sowieso noch nicht trinken.

Ein Zwischenfall mit Anteilen

Leopold erinnerte sich weiter, wie er, einige Tage nachdem ihm Norbert das erklärt hatte, zusammen mit Trixi wieder mal in den kleinen Laden an der Ecke ging, um sich einige Lakritzschnecken zu kaufen. Frau Klunker, die die Inhaberin des Ladens war und im selben Haus wohnte wie Leopold, gehörte zu den mürrischsten Personen im ganzen Viertel. Sie war nur zu aufgebrezelten Erwachsenen freundlich. Besonders zum Neffen von Frau Goldstück, Herrn Gurke: „Was darf's denn sein, Herr Gurke? Wie geht es Ihnen denn heute, Herr Gurke? Die Süddeutsche? Einen Kaffee zum Mitnehmen? Eine Gurke, Herr Gurke? Schönes Wetter, Herr Gurke, schöner Hut, Herr Gurke, wirklich geschmackvolle Krawatte, Herr Gurke ..." Das ging dann noch einige Zeit so. Herr Gurke hatte inzwischen vergessen, was er kaufen wollte, so sehr hatte ihn Frau Klunker verwirrt, deshalb kaufte er, weil ihm nichts Besseres einfiel, eine Zeitung. Kaum war er draußen, sagte sie zu sich selbst: „So ein gwamperter Angeber!“ und: „Diese Wurscht in der Haut!“

Kamen Kinder in den kleinen Laden, dann wurde sie ganz angespannt, sagte überhaupt keinen Ton mehr und beobachtete alles ganz genau, wie eine Katze, die auf Mäusejagd war. Sie war auf der Hut, weil sie dachte, die Kinder würden sie beklauen. Trotzdem gingen die Kinder immer wieder hin, denn nur in dem kleinen Laden gab es alle Arten von Süßigkeiten einzeln zu kaufen, und das Taschengeld reichte eben nicht immer für eine ganze Tüte beim Tengelmann. Außerdem durfte die Trixi nicht zum Tengelmann hinein. Und so einen putzigen, kleinen Hund, den kann man doch nicht einfach vor dem Laden anbinden, oder?

Leopold bestellte zwei Lakritzschnecken, bezahlte, rollte eine gleich auf, steckte das Ende in den Mund und fragte sich, ob Norbert eigentlich auch Anteile an einer Lakritzschnecken-Fabrik hatte. Er wollte gerade gehen, als er plötzlich die Cola-Flaschen, die im Regal standen, entdeckte. Das war doch die Gelegenheit, auch einmal ein Cola zu trinken. Er nahm sich eine und spazierte in aller Seelenruhe zur Tür, Trixi schwanzwedelnd hinter ihm her. Frau Klunker, die endlich ihre Theorie, dass alle

Kinder sie beklauten, bestätigt sah, schrie gellend: „Ein Dieb, ein Dieb, haltet den Dieb! Ich wusste es schon immer, diese Schrazen beklauen mich, jeden Tag, und alles, ein Dieb, ein Dieb! Ich arme alte Frau. Jahrzehnte stehe ich hier, um mein täglich Brot zu verdienen, und diese Strolche machen mir mein Geschäft kaputt. Ich werde bankrott gehen. Polizei, Polizei, Hilfe, Hilfe, Diebesgesindel." Leopold hatte sich noch nie in seinem ganzen Leben so erschrocken, wie in diesem Augenblick, und auch Trixi jaulte vor Schreck laut auf. Er wollte sofort die Cola-Flasche zurückgeben, aber irgendwie folgten ihm seine Beine nicht mehr, sondern rissen ihn in Richtung Ladentür fort. „Du musst abhauen!" flüsterten sie ihm zu, „die Polizei darf dich nicht erwischen, du willst nicht ins Gefängnis." Leopold rannte. Seine Flucht nahm jedoch ein jähes Ende, denn er rammte einen ziemlich dicken Bauch, der ihm im Weg stand. Es handelte sich hierbei um den Bauch von besagtem Herrn Gurke. Leopold prallte zurück und befand sich plötzlich in den Fängen von Frau Klunker. Die schrie immer noch wie am Spieß, und Gurke fragte, was denn geschehen sei. Frau Klunker behauptete, Leopold habe den ganzen Laden ausgeraubt. Gurke begann sofort zu schimpfen: „Unsere Gesellschaft verroht zusehends. Überall Diebe, Betrüger, Halsabschneider. Dem muss man von Anfang an mit aller Härte entgegentreten. Die Polizei muss her." Sprach's, griff zu seinem Handy und rief die Polizei.

Leopold wurde kreidebleich und fiel fast in Ohnmacht: Polizei? ‚Ich habe nichts getan!' schrie es in ihm, aber er konnte kein Wort herausbringen. Niemand konnte seine Verteidigung hören. Aus lauter Panik versuchte er, sich loszureißen, was Frau Klunker noch wütender machte, und sie schimpfte noch mehr. Aber am dicken Gurke war sowieso kein Vorbeikommen.

Schließlich kam die Polizei: Es waren Hinterhuber und Vorderhuber, die gerade ihren Dienst schoben. Sie beruhigten Gurke und Frau Klunker und waren ganz freundlich zu Leopold, der daraufhin seine Sprache wieder fand: „Es ist meine Cola. Der Norbert hat Anteile an Cola. Ich habe mir nur unseren Anteil genommen. Er gehört uns." Er wiederholte das immer wieder. Trixi knurrte zur Bestätigung – im Anblick der netten Polizisten, die sie schon kannte, hatte sie ihren Mut wieder gefunden. Hinterhuber und Vorderhuber verstanden kein Wort von dem, was Leopold sagte, und erklärten, dass Leopold die Flasche zurückgeben und dann mit ihnen auf die Wache müsste. Dann verließen sie mit dem vor Angst schlotternden Leopold und der knurrenden Trixi den Laden. Gurke rief hinter ihnen her: „Hart bestrafen ... ins Gefängnis mit ihm ... keine Gnade ... wehret den Anfängen ... unsere Gesellschaft geht den Bach runter ..." Und von allen ungesehen, gab er dem kleinen Hund von Leopold auch noch einen

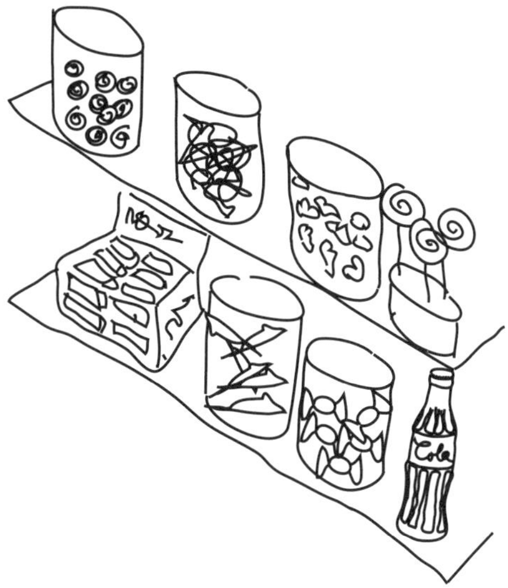

Tritt. Trixi jaulte kurz auf und sah bestätigt, was sie sich sowieso schon gedacht hatte: Der Gurke, das ist ein ganz mieser Typ! Hinterhuber und Vorderhuber gingen mit Leopold und Trixi aber nicht auf die Polizeiwache, wie Leopold befürchtet hatte, sondern zu Hundertpfunds nach Hause. Einige Nachbarn schauten neugierig aus den Fenstern und schüttelten den Kopf. Und daheim gab es, na was wohl, den zweiten großen Börsenkrach.

An all das musste Leopold denken, als er nicht einschlafen konnte, und war dabei ganz schön aufgeregt. Trixi hingegen schlummerte selig und rückte sich im Traum ab und zu schmatzend in Leopolds Kniebeuge zurecht. Schließlich jedoch übermannte auch Leopold der Schlaf, und er träumte vom Börsenkrach, von Vorderhuber, der auch spekulierte, viel Geld verlor und deswegen nie wieder Würschtel essen konnte. Und er träumte von Hinterhuber, dem die Blase platzte.

Die Therapie

Wie das genau aussah, kam aber in Leopolds Traum nicht mehr vor, denn er wachte auf, und zwar weil Trixi ihm das Gesicht abschleckte, was natürlich strengstens verboten war. Leopold fühlte sich jedoch sofort wach und erfrischt. Und er wusste jetzt auch, was zu tun war: er musste einen Therapeuten finden. Hatte nicht Kammersänger Erdmann gestern laut im Treppenhaus gesagt, dass nur noch eine Therapie den Hundertpfunds helfen konnte? Das ganze Wochenende über war Leopold nervös und zappelig und konnte den Montag kaum erwarten, an dem er einen Therapeuten finden könnte. Zum Glück waren Ferien! Endlich war Montag und gleich nach dem Frühstück verließen Leopold und Trixi das Haus und begannen mit der Suche nach einem Therapeuten.

Leopolds Plan bestand darin, kreuz und quer durch die Maxvorstadt zu laufen, bis er einen Therapeuten fand – er wusste eigentlich nicht genau, was das war, ein Therapeut, aber er würde schon einen finden. Leopold sah sich alle Läden und alle Hausschilder genau an, alle Werbetafeln, die Zettel an den Ampel- und Laternenpfählen und alle Hausschilder. Endlich entdeckte er an einer Haustür ein goldenes Schild, auf dem stand: „Dr. Anneliese Tölbl-Lustig, Physiotherapie". Leopolds Augen blitzten: „Hier sind wir richtig! Hier müssen wir fragen." Trixi legte ihren Kopf schief und wedelte zustimmend mit dem Schwanz, auch wenn sie eigentlich gehofft hatte, dass sie in den Englischen Garten gehen, andere Hunde treffen und Enten jagen würden, anstatt hier um die Häuser zu ziehen. Aber als Hund konnte man sich das eben nicht aussuchen.

Leopold nahm all seinen Mut zusammen und drückte auf den Klingelknopf. Der Türöffner surrte, die Tür sprang einen Spalt weit auf, und die beiden gingen hinein. Im Empfangsraum der Praxis saß eine sehr nette junge Sprechstundenhilfe, der Leopold die ganze Geschichte erzählte. Von Norbert und Mama, dass Norbert noch gar nicht sein Vater war, es aber werden sollte, und dass der ewige Börsenkrach vielleicht alles ruinieren würde. Die Sprechstundenhilfe lächelte aufmunternd und meinte, dass sie sich leider gar nicht mit solchen „Börsensachen" auskenne und dass Leopold doch besser mit Frau Dr. Tölbl-Lustig sprechen sollte. Jetzt sei aber noch jemand drinnen, und deshalb solle er kurz im Wartezimmer Platz nehmen.

Nach wenigen Minuten bat ihn Frau Dr. Tölbl-Lustig in ihr Sprechzimmer, und Leopold erzählte auch ihr die ganze Geschichte. Frau Dr. Tölbl-Lustig, die ein weites gemustertes Kleid trug und seltsame Hornspangen in den Haaren hatte, wiegte den Kopf hin und her und sagte dann: „Ich fürchte, du bist hier nicht ganz richtig. Ich bin dafür zuständig, dass die Menschen wieder lernen, sich zu bewegen, wenn sie einen Unfall hatten und sich zum Beispiel einen Arm gebrochen haben. Aber ich kenne da jemanden, der dir vielleicht helfen kann.“ Sie ging zum Telefon, wählte und sagte: „Hallo mein Schatz, komm’ doch mal runter, ich habe hier einen Fall für dich ... o.k., bis gleich!“ Und zu Leopold gewandt fügte sie hinzu: „Du musst wissen, dass ich eine Tochter namens Nele habe. Sie ist zwölf und liebt es, Probleme zu lösen. ‘Kein Problem!’ ist ihr Lieblingsspruch.“

Es dauerte nicht lange, da polterte ein großes, schlaksiges, blondes Mädchen, dessen Schneidezähne ein wenig auseinander standen, in das Sprechzimmer. Sie hatte lustige Sommersprossen auf der Nase, einen Pferdeschwanz und sah alles in allem sehr vergnügt und frech aus. Leopold schöpfte sofort Hoffnung. Wenn sie das Problem nicht lösen konnte, dann niemand. Trixi wedelte begeistert mit dem Schwanz und schleckte zur Begrüßung Neles Hand ab. „Hi, ich bin die Nele“, sagte Nele zu Leopold und Leopold wurde im Angesicht solcher Weltgewandtheit ein wenig schüchtern. „Hallo, ich bin der Leopold ... und das ist die Trixi.“ Frau Dr. Tölbl-Lustig erklärte Nele kurz, worum es sich bei dem „Fall“ handelte. Nele grinste und sagte zu ihrer Mutter: „Mama, gib uns doch zehn Euro, dann gehen wir erst mal zu McDonald’s und machen eine Lagebesprechung“. „Dieses Kind!“ rief Frau Dr. Tölbl-Lustig. „Sie nutzt es schamlos aus, dass ich berufstätig bin!“ Aber sie musste doch lachen und gab Nele die zehn Euro. Und schon waren die zwei mit Trixi bei der Türe draußen und ein wenig später saßen sie vor Pommes, zwei Cheeseburgern und zwei Milchshakes bei McDonald’s in der Leopoldstraße.

Leopold erzählte Nele nun die ganze Geschichte nochmal ausführlich: wie Norbert die Börse für sich entdeckt hatte und wie seither der Haussegen schief hing, weil Mama erstens fand, er solle sich mehr um den Haushalt kümmern und sie zweitens überhaupt nichts vom Spekulieren an der Börse hielt. Nele warf Trixi ab und zu ein Pommes hin, kratzte sich am Kopf, dachte nach und zauberte dann ein Handy aus der Hosentasche. „Wir brauchen die Ines.“ Eine Viertelstunde später stieß Ines zu ihnen. Sie hatte braune Haare, war etwas kleiner als Nele und sah ungeheuer gescheit aus. Leopold war sich sicher:

die zwei würden sein Problem lösen. Nele kaufte Ines einen Milchshake mit Erdbeergeschmack und erklärte ihr die Lage. „Du hast doch gesagt, du wüsstest so ziemlich alles über die Börse. Wart ihr nicht erst vor zwei Wochen mit deiner Klasse dort und habt alles besichtigt?“ „Ja klar, da seid ihr zwei an die richtige Adresse geraten: ich bin der absolute Börsenspezialist! Wie wäre es, wenn wir gleich morgen zusammen in die Börse gehen. Dann kann ich euch alles zeigen und alles erklären. Und dann finden wir vielleicht eine Lösung für Leopolds Problem!“ „Das wäre ja super“, sagte Nele. „Na dann, bis morgen! Tschüs!“ Ines rauschte wieder ab. „Cool!“ dachte Leopold, „das sind ja zwei!“

„Das wäre geklärt“, sagte Nele, „und was machen wir jetzt?“ „Du könntest mit zu mir kommen. Wir kaufen uns am U-Bahn-Kiosk noch ein paar Gummibärchen (schließlich wusste Leopold, dass man Mädchen etwas bieten musste) und dann können wir Computer spielen (es war natürlich so gekommen, wie Mama voraus gesagt hatte, aber Leopold las auch ab und zu noch ein Buch).“ Nele war einverstanden und Trixi sowieso, denn sie wollte jetzt ein kleines Verdauungsschläfchen auf dem Sofa machen. So setzten sie sich also in Bewegung.

Der schmierige Gurke

In der Adalbertstraße angekommen, sperrte Leopold die Haustüre auf und schon als sie noch nicht ganz im Treppenhaus waren, hörten sie, wie der schmierige Gurke mit Frau Siebenpfennig im Erdgeschoss sprach. Es war die Rede von „schnellem Reichtum“ und „unerhörtem Gewinn“. Leopold legte seinen Zeigefinger auf die Lippen und bedeutete Nele, das Haus wieder zu verlassen. Er flüsterte Nele zu: „Das ist der fiese Gurke, der bei seiner Tante Frau Goldtück zu Besuch ist. Der hat bestimmt was Linkes vor!“ Sie ließen die Haustür einen Spalt breit auf, so dass sie hören konnten, was Gurke mit der schrecklichen Siebenpfennig zu besprechen hatte. „Liebe Frau Siebenpfennig“, säuselte Gurke, „das werden Sie Ihr Leben lang nicht bereuen. So eine Rendite. 30 Prozent in nur zwei Wochen, da lohnt es sich doch, den Sparstrumpf auszuleeren. Das zahlt Ihnen keine Bank.“ „Also Herr Gurke, ich weiß nicht, das ist alles so verwirrend und eine arme, allein stehende Frau wie ich, die kennt sich doch gar nicht aus mit solchen Geldsachen." „Ja, eben, das ist es ja, da komme ich gerade richtig. Ich kenne mich mit Geld umso besser aus. Ich bin ein Profi, an der Börse bekannt und gefürchtet. Mir kann da keiner was vormachen. Nun geben Sie sich schon einen Ruck, Sie wären ja blöd, wenn Sie das super Angebot nicht annehmen würden. Und nur weil ich ein Herz für arme, alte Damen habe, biete ich Ihnen das ja überhaupt an. Ich könnte auch nur für mich selbst Profit erwirtschaften und müsste Ihnen das gar nicht ermöglichen." Er sprach das Wort „Profit" aus, als ob es mit vielen „fs" geschrieben würde, so richtig gierig. „Na, Herr Gurke, wenn Sie meinen ..." Frau Siebenpfennig verschwand in der Wohnung, und Gurke rieb sich hörbar die Hände. Dann kam sie wieder an die Tür, man hörte etwas rascheln und Gurke sagte: „Na dann, auf gute Geschäfte, Frau Siebenpfennig!" „Ich will's hoffen, Herr Gurke, auf Wiedersehen." „Auf Wiedersehen!"

Die Kinder sahen sich fragend an und wollten sich schon verdrücken, als sie hörten, dass Gurke gar nicht in die Wohnung seiner Tante, Frau Goldstück, zurückging, sondern die Treppe hinauf stieg. Nele gab Leopold ein Zeichen, ihr zu folgen, und sie schlichen leise in den ersten Stock. Gurke klingelte bei Herrn Erdmann, dem Kammersänger. Als niemand öffnete, klingelte er gegenüber, wo Frau Klunker wohnte, die Inhaberin des kleinen Ladens, der montags geschlossen war. Sie öffnete die Tür und war höchst erstaunt, Gurke zu sehen. „Lieber Herr Gurke, was verschafft mir denn die Ehre?“ Gurke flötete in den freundlichsten Tönen: „Liebe Frau Klunker, ich habe Ihnen ein außerordentlich gutes Geschäft vorzuschlagen, exklusiv nur für Sie, nur Sie weihe ich in meine Pläne ein.“ Frau Klunker zog ihn nach drinnen. „Aber lieber Herr Gurke, das können wir doch bei einer guten Tasse Kaffee besprechen. Oder möchten Sie Gebäck, Herr Gurke? Oder ein Stück Kuchen, Herr Gurke? Oder ...“ Die Türe schnappte zu, und Nele und Leopold konnten nicht mehr hören, was gesagt wurde. Leopold maulte leise: „Oh, die Klunker, die redet jetzt wieder, was das Zeug hält. Das kann dauern!“ Und sie mussten tatsächlich ganz schön lange warten, bis sich wieder was rührte. Endlich kam Gurke aus Frau Klunkers Wohnung. „Ja dann, Herr Gurke, dann kommen Sie morgen in meinen Laden und ich gebe Ihnen das Geld.“ „Ja, Frau Klunker, das mache ich bestimmt. Bis morgen dann.“ „Bis morgen, Herr Gurke.“

Nun stieg Gurke in den zweiten Stock und klingelte beim Trambahnfahrer Franz Meier. Als sich nichts rührte, klingelte Gurke nochmal und dann nochmal. Endlich öffnete Herr Meier die Tür und schnaubte wütend: „Aber Herr Gurke, Sie wissen doch, dass ich um diese Zeit schlafe. Gute Nacht!“ Doch Gurke entgegnete: „Lieber Herr Meier, wenn Sie wüssten, warum ich Sie geweckt habe, würden Sie es sich überlegen, ob Sie nicht doch lieber mit mir reden wollen. Möchten Sie lieber schlafen oder ein vermögender Mann werden, der gar nicht mehr aufstehen muss, um zur Arbeit zu gehen? Wollen Sie mich nicht hineinlassen, dann können wir alles in Ruhe besprechen.“ Tatsächlich ließ Herr Meier den Gurke hinein und einige Minuten lang hörten die beiden Kinder nichts mehr. Doch sie warteten weiter.

Nach einiger Zeit kam Gurke wieder heraus, verabschiedete sich bei Herrn Meier und klingelte gegenüber bei Hundertpfunds. „Das ist ja bei uns“, flüsterte Leopold. Norbert öffnete und Gurke säuselte: „Lieber Herr Müller, ich höre, Sie sind ein Börsenkenner und so komme ich, um Ihnen ein ganz außergewöhnliches Geschäft vorzuschlagen. Sie sind nicht wie die alte Siebenpfennig, die so einen Braten nicht einmal riechen kann, wenn er direkt vor ihrer Nase liegt, Sie sind ein Kenner, jemand, der eine solche Chance zu würdigen weiß, nicht wahr?“ „Aber Herr Gurke, Geschäfte sollte man doch nicht auf dem Flur besprechen, kommen Sie doch bitte herein.“ Gurke verschwand in der Wohnung.

Leopold und Nele verharrten atemlos mit klopfenden Herzen im Treppenhaus. „Was der wohl vorhat?“ fragte

Nele. „Bestimmt nichts Gutes“, flüsterte Leopold. Nach einigen Minuten verließ Gurke die Wohnung wieder und posaunte Norbert zu: „Herr Müller, Sie sind ein Mann der Tat. Sie lassen sich nicht so schnell einschüchtern. Sie wissen, wem Sie vertrauen können, nämlich einem alten Börsianer wie mir. 30 Prozent in zwei Wochen. Versprochen!“ und er eilte die Treppen hinunter, wo er direkt in Neles und Leopolds Arme lief.

Sie sahen gerade noch, wie er ein dickes Bündel Geldscheine in seinem Jackett verschwinden ließ. „Na, Kinder! Mal wieder nichts zu tun? Ihr habt doch wirklich andauernd Ferien. Das verdirbt ja den besten Charakter!“ Er lachte schallend. „Aber Herr Gurke“, erwiderte Leopold, „wir hängen nicht nur rum, wir müssen in den Ferien einen langen Aufsatz schreiben.“ Leopold fürchtete sich ein wenig vor Gurke und dachte, wenn er neidisch auf sie wäre, weil sie immer Ferien haben, würde ihm schon was einfallen, um ihnen den Spaß zu verderben. „So, so,“ sagte Gurke, „und über was, wenn man fragen darf?“ „Über die Börse“, log Leopold, etwas anderes war ihm so schnell nicht eingefallen. „Ha!“ tönte Gurke, „da seid ihr ja bei mir an den Richtigen geraten. Ich arbeite schließlich an der Börse und mache da ein Vermögen! Ihr solltet mich mal sehen, ich auf dem Parkett, das macht mir keiner so schnell nach. Ich habe einfach einen Riecher für Aktienkurse. Die anderen Börsenmakler

stehen nur um mich rum und versuchen rauszukriegen, was ich kaufe oder verkaufe. Ohne mich wüssten die überhaupt nicht, was zu tun ist. Sie schreien nur wild durcheinander, aber ich behalte die Nerven und kaufe die richtigen Aktien! Leider bin ich viel zu beschäftigt, um euch das ausführlicher zu erklären, denn morgen reise ich ab. In die Karibik. Natürlich nicht, um dort Urlaub zu machen, sondern zu geschäftlichen Zwecken. Und da habe ich vorher noch viel zu tun!“ Gurke warf sich in die Brust und verschwand Richtung Keller.

Jetzt erzählte Leopold Nele, was er schon alles mit Gurke erlebt hatte. Und dass die Mama sagte, dass er immer nur in seinem unseriösen Aufzug in den Cafés herumsaß, den jungen hübschen Frauen hinterher pfiff und mit extrabreitem Grinsen dicke Zigarren rauchte. Dass er seiner Tante Frau Goldstück nicht einmal ein neues Hörgerät kaufte, obwohl er ja angeblich so reich sei. Und wie er sich damals im Laden von Frau Klunker aufgeführt hatte, als Leopold seinen Anteil an Coca Cola haben wollte. Und überhaupt, was hatte er eigentlich im Keller zu tun?

Während sie das noch besprachen, stiegen sie die Treppe hinauf zu Hundertpfunds und gingen in die Wohnung. Norbert machte ihnen Apfelkücherl, und danach riefen sie die Ines an, die gerne kam, denn ein bisschen langweilig sind die Ferien ja auch immer. Sie wollten Computer spielen, aber weil Leopold gar nichts von den Sims hatte (ist ja auch ein typisches Mädchenspiel, gell?), spielten sie dann doch Malefiz. Dann gingen sie in den Garten und liefen abwechselnd auf Leopolds Stelzen und übten Rad schlagen. Später kochte Norbert ihnen noch einen Schokoladenpudding (der Norbert hielt nicht allzu viel von gesunder Ernährung), und Trixi durfte die Schüssel auslecken. Noch später kam die Mama nach Hause und schlug vor, dass sie alle zur Eisdiele gehen sollten, weil es so ein warmer Frühlingsabend war. Sie wusste ja nicht, dass sie den ganzen Tag nur Süßigkeiten gegessen hatten. Als sich Leopold nach einem superguten Eis von Nele und Ines verabschiedete, sagte Nele: „So schlimm seid ihr doch gar nicht." Das fand Leopold auch, und er war sich sicher, dass das am Freitag der letzte Börsenkrach im Hause Hundertpfund gewesen war, wenn er auch noch nicht wusste, wie er das anstellen sollte. Aber die beiden Mädchen würden ihm schon helfen. Als er endlich im Bett lag und Trixi ihren Kopf auf sein linkes Bein gelegt hatte, war Leopold zum ersten Mal nach langer Zeit wieder richtig glücklich. Und den schmierigen Gurke hatte er ganz vergessen.

Der Börsenbesuch

Am Dienstag um 10 Uhr morgens trafen sich Nele, Ines, Leopold und Trixi wie verabredet vor dem Eingang der Münchener Börse, die in einem sehr eindrucksvollen, prächtigen Haus am Lenbachplatz untergebracht ist. Nele und Leopold staunten. Ines, die das alles ja schon kannte, gab sich ganz locker und sagte: „Also los, gehen wir hinein!" Sie fuhren mit dem Fahrstuhl in den ersten Stock und klingelten an einer Tür, die von einer Kamera überwacht wurde. Alle vier grinsten in die Kamera, so lange, bis der Türsummer ertönte. Kaum hatten sie die Tür passiert, legte Ines schon los: „Jetzt erkläre ich euch mal, wie das hier so läuft: eine Aktie, das ist ja kein Schein mehr, wie früher, sondern der Wert wird auf einem Wertpapierdepot eingetragen. Privatanleger wie Norbert können Aktien nur bei einer Bank beziehen." Leopold horchte auf. Hatte Gurke nicht gesagt, er kaufe Aktien direkt in der Börse? Bevor er aber etwas sagen konnte, erklärte Ines weiter: „Die Preise für Aktien sind ganz unterschiedlich. Es gibt welche für drei Euro oder welche, die 300 Euro das Stück kosten. Das hängt davon ab, welcher Ausgabekurs bei der Erstausgabe der Aktie festgelegt wurde und wie sich dann der Kurs entwickelt hat. Deine Aktie hat immer soviel Wert, wie du dafür bekommst."

Ein freundlicher junger Mann kam auf sie zu und sagte: „Na, ihr interessiert euch wohl für die Börse. Soll ich euch ein bisschen was erklären?" Aber Ines war schon voll in Fahrt und sagte nur: „Sehr nett von Ihnen, aber danke, wir kennen uns selbst ganz gut aus." Und sie fuhr fort: „Ihr dürft selbstverständlich nicht die Bankgebühren vergessen, wenn ihr Aktien verkauft oder kauft", erklärte Ines weiter. „Der Kurs ist das Ergebnis von Angebot und Nachfrage an der Börse. Käufer und Verkäufer nennen ihre Preise. Daraus wird errechnet, bei welchem Kurs der größte Umsatz erreicht werden kann. Wie sich der Aktienmarkt allgemein entwickelt, das kann man am Dow Jones, am Nikkei und am DAX erkennen." Der junge Mann von der Börse, der sie begleitet hatte, sah schwer beeindruckt aus und schlug vor, den Kindern den Tresor zu zeigen.

Dort schauten sie sich alte staubige Aktien an. Ines redete und redete. „Welche Aktien man kauft, bleibt einem selbst überlassen. Entweder man kennt das Unternehmen gut und denkt, es hat eine positive Zukunft oder man beobachtet, wie es sich in der Vergangenheit entwickelt hat und glaubt zu wissen, dass auch in der Zukunft alles gut laufen wird." Staunend standen die drei vor dem Tresor der Börse, dessen Türe so dick war, wie Leopold breit. Leopolds Gedanken schweiften ab, und er fragte sich, wie viel Dynamit man wohl braucht, um so eine Tür zu sprengen. Ines unterbrach ihn in seinen Gedanken und sagte: „Aber das wisst ihr ja bestimmt alles, oder?"

Leopold schlackerte mit den Ohren. Ihm schwirrte der Kopf bei soviel Wissen. Außerdem wollte er auch mal was Kluges sagen. Also fragte er: „Und wo ist das Parkett, wo Gurke alle seine Geschäfte macht und lauter schreit als alle anderen? Und wo sind all die Leute, die mit Aktien handeln, und die alles von Herrn Gurke abschauen?" „Aber Leopold, in München gibt es gar keinen Parketthandel mehr. Hier schreit niemand mehr. Das läuft doch heute alles über den Computer." Ines war ganz erstaunt über so viel Unverständnis. Es dauerte einige Sekunden, dann starrten Nele und Leopold sich entsetzt an. Wie aus einem Munde schrien sie: „Gurke lügt!" Nele rief: „Er hat überhaupt keine Ahnung von der Börse! Er weiß nicht mal, dass es keinen Parketthandel mehr gibt." Leopold stöhnte: „Und er hat das Geld von Norbert! Nele, erinnerst du dich, wie er die Geldscheine in seine Jackentasche gesteckt hat, als er gestern aus unserer Wohnung kam? Das war Norberts Geld!“ Und Nele rief ganz erschrocken: „Und er hat doch gesagt, dass er heute abreist! Wir müssen sofort los!“ „Ines, komm mit, wir erklären dir alles auf dem Weg”, sagte Leopold. „Danke!“ riefen sie dem jungen Mann zu, und weg waren sie, Nele und Leopold voran, Ines hinterdrein und zum Schluss Trixi, der die Führung sowieso schon etwas auf die Nerven ging und die jetzt laut bellte, vor lauter Freude, dass sich endlich was rührte.

Die Kinder rannten los und blieben vor dem großen Portal erstmal wieder stehen. „Wohin laufen wir eigentlich?“ rief Nele. Sie überlegten kurz. „Wenn wir um die Börse herum gehen, können wir in die 27er Tram einsteigen und bis zur Schellingstraße fahren“, rief Leopold. „Super!“ antworteten die Mädchen. Nele und Ines hielten das für eine gute Idee, zumal es doch ziemlich weit gewesen wäre, den ganzen Weg in die Adalbertstraße zu laufen. Leopold war überglücklich, auch seinen Teil zu diesem Abenteuer beigetragen zu haben. Sie rannten bis zur Haltestelle Ottostraße. Aber, wie das immer so ist im Leben, wenn man es wirklich, wirklich eilig hat, die Tram ließ auf sich warten. Sie kam und kam nicht. Die vier wurden schon ganz ungeduldig und zappelten auf dem Bahnsteig hin und her. Trixi hörte vor lauter Aufregung gar nicht mehr mit dem Schwanzwedeln auf. Eine ältere Dame bemerkte: „Selbst die Jugend ist heutzutage im Stress!“ und schüttelte missbilligend ihr Haupt. Die vier ließen sich davon weder beruhigen noch verunsichern, sondern zappelten weiter und blickten alle paar Sekunden auf die Anzeige der Trambahnen. Endlich war dort zu lesen „27 Petuelring 8 Min.“ Acht Minuten, dann sieben, dann sechs ... Leopold meinte, es gar nicht mehr erwarten zu können. „Hoffentlich ist es noch nicht zu spät! Wären wir doch gelaufen!“ „Dann wären wir auch nicht schneller gewesen“, beruhigte ihn Ines.

Dann endlich, endlich kam die Bahn. Die vier hechteten hinein, doch auch hier fand das Zappeln kein Ende, denn die Trambahn, so erschien es wenigstens ihnen, fuhr im Schneckentempo und brauchte für die paar Stationen eine halbe Ewigkeit. Erst Karolinenplatz, dann die Pinakotheken, dann die Schellingstraße. Endlich waren sie da! Sie sprangen aus dem Trambahnwagen und rannten ein Stück auf der Barerstraße weiter bis zur Adalbertstraße, die Adalbertstraße zwei Blöcke hinunter, vorbei an einem Modeschmuckgeschäft, an Copyshops und Cafés. Trixi war begeistert: jetzt rannten die Zweibeiner mal mit ihr in einem Tempo, wie es ihr gefiel, und sie musste sie nicht an der Leine hinter sich herziehen. Schon völlig außer Atem bogen sie schließlich in die Türkenstraße ein, und dann waren sie am Ziel: auf dem Polizeirevier von Huber, Hinterhuber und Vorderhuber.

Bayerische Börse

Huber, Hinterhuber und Vorderhuber machten gerade Brotzeit und Hinterhuber und Vorderhuber gerieten sofort, als sie die Kinder sahen, in Panik, weil sie dachten, dass ihre Pause nun schon wieder ins Wasser fallen würde. Die Kinder, obwohl sehr außer Atem, schrien wild durcheinander. Trixi bellte dazu in höchsten Tönen und die Polizisten verstanden überhaupt kein einziges Wort. Erst nach einigen Minuten gelang es Huber, die Situation zu beruhigen, und Leopold konnte erzählen, was passiert war: „Der fiese Gurke hat dem Norbert ein krummes Geschäft vorgeschlagen, und der Norbert hat ihm dafür viel Geld gegeben. Und auch die anderen Nachbarn. Er hat behauptet, dass er daraus ganz viel Geld an der Börse machen würde, aber da waren wir gerade und es gibt ja gar keinen Parketthandel. Der Gurke ist ein Betrüger! Das Geld hat er bestimmt im Keller versteckt, denn dorthin verzieht sich immer der Gurke. Sie müssen Gurke einsperren, damit er nicht mit dem Geld abhauen kann!"

Aber die Polizisten verstanden das alles nicht so recht und glaubten kein Wort. Huber sagte: „Der Herr Gurke, das ist doch so eine seriöse Person, bestimmt würde er sowas niemals machen." Vorderhuber und Hinterhuber nickten zustimmend, schließlich hatte ihr Chef meistens recht. Die Kinder waren verzweifelt. Wenn sich die Polizisten jetzt nicht in Bewegung setzten, würde Gurke sicher entkommen, und das ganze Geld wäre futsch.

Leopold mochte gar nicht daran denken, was dann bei ihnen zuhause los wäre. Wenn das Geld weg wäre, würde sich die Mama sicher wahnsinnig aufregen und den Norbert hinauswerfen. Und ihn niemals heiraten. Und der Norbert wäre dann nie sein Vater, sondern würde von ihnen weggehen. Wie schrecklich!

Mit hängenden Ohren verließen die vier das Revier. „So was Blödes! Das gibt es doch nicht, dass die uns nicht glauben!" „Wie können wir das nur beweisen?" fragte Nele. „Es muss doch eine Möglichkeit geben!" Sie dachten angestrengt nach. Auch Trixi legte die Stirn in Falten und tat so, als ob sie an einer Lösung des Problems tüftelte, obwohl sie in Wirklichkeit noch über die Würschtel von Vorderhuber, Hinterhuber und Huber nachdachte. Plötzlich hatte Nele den rettenden Gedanken: „Mensch, Leopold, der Gurke hat doch mit der Ladenfrau ausgemacht, dass er heute das Geld holt. Vielleicht hat er das noch nicht getan. Vielleicht können wir ihn dabei beobachten!" Und Ines rief: „Und ein Foto machen, mit dem Handy!" Das war die Idee! „Das müsst aber ihr machen, denn mich kennt die Klunker schon und solange ich im Laden bin, macht die keine Geschäfte mit Gurke, sondern schaut nur, ob ich vielleicht was klaue." „O.k., dann bleibst du mit Trixi hier, und wir legen uns vor dem Laden auf die Lauer. Wenn Gurke kommt, gehen wir mit hinein und schauen, ob wir ein Foto machen können."

Gesagt, getan. Während Leopold nervös mit Trixi auf dem Bürgersteig auf und ab lief, stellten sich Nele und Ines vor den Copyshop neben dem kleinen Laden von Frau Klunker und taten so, als ob sie sich die Auslage anschauen würden, zum Bespiel Babystrampelanzüge mit der Aufschrift „Selbstgemacht“. Und siehe da! Sie brauchten nicht lange zu warten, da kam schon Gurke um die Ecke gebogen. Siegessicher betrat er den Laden. Die beiden Mädchen folgten ihm und begannen, sich die Zeitschriften anzuschauen. „Lieber Herr Gurke“, säuselte Frau Klunker, „da sind Sie ja endlich. Ich dachte schon, Sie hätten mich vergessen.“ Sie tat ganz geziert und kicherte ein wenig. Ines und Nele sahen sich an. Das war ja peinlich, wie sich die an den fiesen Gurke hinwanzte! Gurke stand Frau Klunker in nichts nach, was das Säuseln und Schöntun betraf: „Aber liebe Frau Klunker, wie könnte ich Sie denn vergessen?“ Frau Klunker ging ins Lager und kam mit einem Briefumschlag zurück. Ines, die schon die ganze Zeit über so tat, als ob sie gedankenverloren mit ihrem Handy spielen würde, drückte auf den Auslöser. Dann rannten sie los, in vollem Galopp aus dem Laden. „Also diese Schrazen, das ist ja wirklich unerhört, fassen erst alles an und dann kaufen sie gar nichts!“ Das Schimpfen von Frau Klunker hörten die zwei noch, doch dann waren sie schon wieder bei Leopold und Trixi.

„Hier, schau, das Beweisfoto!“ rief Nele atemlos. Und tatsächlich: auf dem kleinen Display des Handys sah man, wie Frau Klunker Gurke einen Briefumschlag überreichte. „Wenn das die Polizei nicht überzeugt ...“ „Dann weiß ich es auch nicht“, meinte Leopold, „aber wir wollen sehen, was sich machen lässt!“

Das Foto und die Hartnäckigkeit der Kinder überzeugten die Hubers. „Wir gehen der Sache doch besser auf den Grund, Herr Hauptwachtmeister. Nicht dass doch was dran ist“, schlug Hinterhuber vor. Die Würschtel waren ja jetzt gegessen, und da konnten sie genauso gut auch mitgehen. Hauptwachtmeister Huber stülpte sich seine Mütze aufs Haupt und ging voran: „Ich kümmere mich doch wohl am besten selbst um die Sache!“ Er setzte sich in Bewegung, Vorderhuber und Hinterhuber folgten ihm, danach kamen die Kinder und Trixi, die allerdings das Polizeirevier sehr ungern verließ – hier roch es sooooo gut nach Würschteln, und vielleicht wäre doch noch was für sie abgefallen!

Als sie vor dem Haus in der Adalbertstraße ankamen, sahen sie, wie Gurke gerade auf dem Bürgersteig hin- und herhopste und laut fluchte: „Diese blöden Köter!“ Er war in einen Hundehaufen getreten. Vor allem Trixi amüsierte sich prächtig darüber. Erstens passierte es ihr nie, dass sie in einen Hundehaufen trat, und so fand sie es vollkommen überflüssig, dass die Menschen die Hundehaufen immer entfernten. Und zweitens war der Gurke eh ein fieser Hundehasser, und da geschah es ihm doch gerade recht!

Neben Gurke stand ein großer Koffer, den er gerade in sein Auto hieven wollte. Einige Passanten sahen ihm dabei zu, und die Anwesenheit von Publikum ließ Hauptwachtmeister Huber äußert energisch werden. Er rief: „Halt, Herr Gurke! Wohin so eilig? Was ist in dem Koffer? Aufmachen, aber dalli!“ Gurke stutzte einen Moment lang, schnappte sich den Koffer und rannte los. „Verfolgen, aber sofort!“ ordnete Hauptwachmeister Huber an. Vorderhuber und Hinterhuber passte das überhaupt nicht. Sie hatten doch gerade erst ihre Mittags-Würschtel gegessen und nach dem Essen soll man schließlich keinen Sport treiben. Außerdem waren sie ja nicht im Fernsehen, wo durchtrainierte Polizisten Verbrecher jagen und dabei über Mauern springen und sich von Dächern abseilen!

Zum Glück war Trixi entschlussfreudiger und nahm laut bellend die Verfolgung von Gurke auf. Gurke kam nicht weit: er trat in einen zweiten Hundehaufen, rutschte aus und fiel hin. Er fluchte laut. Trixi sprang auf ihn, knurrte und wedelte mit dem Schwanz. Endlich hatte sie einmal fette Beute gemacht! Da kamen auch schon Vorderhuber

10

und Hinterhuber angeschnauft. Sie hoben Gurke auf und legten ihm Handschellen an. Huber hatte inzwischen zur Freude der Schaulustigen den Koffer geöffnet und siehe da: er war voller Geld. Scheine über Scheine, einige segelten auf die Straße. Gurke schimpfte über die Hundehaufen. Denn wenn die nicht gewesen wären, wäre er jetzt schließlich schon mit dem Geld über alle Berge. So aber war er auf frischer Tat ertappt worden.

Bei der anschließenden Befragung Gurkes auf dem Revier stellte sich heraus, dass Gurke allen Leuten im Haus Geld mit leeren Versprechungen abgeschwatzt hatte, der Frau Siebenpfennig, seiner Tante Frau Goldstück, Kammersänger Erdmann, den er heute morgen noch angetroffen hatte, Frau Klunker, den Meiers und den Hundertpfunds. Er hatte sich als großer Börsenkenner ausgegeben, der mit einem guten Geschäft in nur zwei Wochen 30 Prozent Gewinn machen wollte. Zum Glück war alles noch einmal gut gegangen, und die Bewohner des Hauses in der Adalbertstraße erhielten ihr Geld zurück. Alle bedankten sich bei Leopold und den Mädchen und waren ein wenig beschämt, dass sie so dumm gewesen waren, dem Gurke, der ja doch sehr schmierig war, zu glauben. „Es wär' halt so schön, so schnell so viel Geld zu verdienen", seufzte Kammersänger Erdmann. Den Gurke behielten die Hubers erst einmal auf dem Revier.

Das kleine Börseneinmaleins

Am allerglücklichsten darüber, dass der Betrug aufgeflogen war, war natürlich der Norbert. Er lobte Leopold überschwänglich und bedankte sich bei Hauptwachtmeister Huber, Wachtmeister Vorderhuber, Wachtmeister Hinterhuber, Ines und Nele und lud sie und alle Nachbarn zu einem Fest abends bei ihnen in der Wohnung ein. Es würde, so versprach er Wachtmeister Vorderhuber und Wachtmeister Hinterhuber, auch Würschtel mit Kraut geben.

Abends versammelten sich alle bei Hundertpfunds, Frau Dr. Tölbl-Lustig, ihr Mann, die Eltern von Ines, Frau Siebenpfennig, Kammersänger Erdmann, Herr Meier, Frau Klunker und Frau Goldstück, die Tante von Gurke, die wieder hören konnte: Vorderhuber hatte sich ein Herz gefasst und war mit ihr beim Ohrenarzt gewesen. Sie war sehr beschämt darüber, dass sich ausgerechnet ihr Neffe so schäbig verhalten hatte. Aber alle Anwesenden versicherten ihr, dass sie ja nichts dafür konnte. Als die Mama heimkam, war die Party schon voll im Gange. Norbert beichtete ihr, was passiert war, und zum Glück war sie gar nicht sauer, sondern nur froh, dass alles noch mal so glimpflich abgelaufen war. Und natürlich war sie sehr stolz auf Leopold. Anschließend gab Ines den Erwachsenen einen kurzen Einführungskurs ins Börsengeschäft. Nele und Leopold, mit denen Trixi durch die Wohnung tobte, hörten Satzfetzen wie „ ... nur langfristig anlegen ... keine schnellen Gewinne ... den Fachleuten überlassen ... ” Es war ein rauschendes Fest. Später am Abend sagte Mama zu Leopold: „Ich glaube, an der Börse zu spekulieren, ist gar nicht so schlimm. Die Ines meint das schließlich auch.“ Nele kicherte und zwinkerte Leopold zu. „Ich hab dir ja gesagt, dass wir dein Problem lösen werden!“ Norbert versprach, sich wieder mehr um den Haushalt zu kümmern und nur noch ab und zu Börsengeschäfte zu machen. Die Mama versprach, nicht immer so streng und genau zu sein. Außer natürlich in der Arbeit. Und nie wieder gab es einen Börsenkrach bei Hundertpfunds. Ein Jahr später heiratete die Mama den Norbert, und der Norbert wurde so auch ein richtiger Hundertpfund.

Aktie, Börse, Aktienkurs
Was ist das?

Aktie

Eine Aktie ist ein Dokument, auf dem steht, dass man einen Anteil an einer Aktiengesellschaft besitzt. Früher waren Aktien richtige Urkunden, so groß wie Schulhefte. Heute schreibt die Bank, über die die Aktien gekauft werden, die Aktienwerte auf ein Konto. Aktien werden auch Anteilsscheine oder Wertpapiere genannt. Der Käufer einer Aktie ist ein Miteigentümer der Firma, deren Aktien er gekauft hat, d.h. ein Teil dieser Firma gehört jetzt ihm.

Aktiengesellschaft

Eine Firma, von der es Aktien gibt, ist eine Aktiengesellschaft. Aktiengesellschaften sind Firmen, die sich mit dem Verkauf von Anteilsscheinen, also Aktien, Geld beschafft haben. Die Deutsche Bank und Volkswagen sind z.B. Aktiengesellschaften, deshalb heißen sie auch richtig Deutsche Bank AG und Volkswagen AG. AG steht für Aktiengesellschaft. Auch Coca Cola ist eine Aktiengesellschaft. Norbert hat Aktien von Coca Cola gekauft, und deshalb gehört ihm jetzt ein Stück von dieser riesigen Firma.

Aktionär

Den Käufer einer Aktie nennt man einen Aktionär. Der Norbert ist also ein Aktionär. Als Aktionär ist er Miteigentümer von Coca Cola. Es ist aber nicht so, wie Leopold denkt, dass Norbert jetzt ein bestimmter Teil von Coca Cola gehört: eine Flasche Coca Cola z.B., für die er nichts bezahlen muss. Auch ein Aktionär muss für die Ware von der Firma zahlen, von der ihm ein Teil gehört.

Aktienkurs

Ein Aktionär kauft Aktien von einer Firma für einen bestimmten Preis. Der Wert einer Aktie wird Kurs oder Aktienkurs genannt. Der Kurs bleibt aber nicht gleich. Er wird jeden Tag neu ermittelt. Wenn viele Leute Aktien der selben Firma kaufen wollen, dann wird die Aktie teurer und der Aktienkurs steigt. Wenn viele Leute ihre Aktien verkaufen wollen, dann sinkt der Aktienkurs.

Börsen

Den Platz, an dem Aktien gekauft und verkauft werden, nennt man Börse. Die Börse ist so etwas wie ein Marktplatz für Aktien. Berühmte Börsen gibt es z.B. in London, Tokio, in Frankfurt am Main und in New York an der Wall Street. Die Börse, die Leopold, Ines und Nele besuchen, ist die Börse München. An Börsen werden die Kurse ermittelt. Um Aktien einer Firma an der Börse handeln zu können, muss die Firma an der Börse notiert, d. h. angemeldet, sein. Man unterscheidet zwischen Börsen mit und ohne Parketthandel. Parketthandel bedeutet, dass sich Händler (man nennt sie auch Börsenmakler) in der Börse in einem Saal treffen und Aktien kaufen und verkaufen, wobei es sehr laut und hektisch zugeht. An den meisten Börsen, wie in München, werden heute Kauf und Verkauf über den

Computer (online) getätigt, und deshalb gibt es dort keine Börsenmakler vor Ort. Weil nun Gurke behauptet, er wäre in der Münchener Börse als Makler auf dem Parkett tätig, können die Kinder ihn entlarven. Die erste Börse gab es übrigens schon vor etwa 500 Jahren in Antwerpen. Sehr alt war auch die Augsburger Börse, sie war die erste Börse in Deutschland. Heute gibt es sie aber nicht mehr.

Bulle und Bär

Wenn im Fernsehen von der Börse berichtet wird, sieht man oft Bilder von zwei Skulpturen, einem Bullen und einem Bären, die vor der Frankfurter Börse stehen. Sie symbolisieren steigende und fallende Kurse an der Börse. Einen steigenden Börsenkurs nennt man einen Bullenmarkt, einen fallenden einen Bärenmarkt. Der Vergleich von steigenden und fallenden Kursen mit Bulle bzw. Bär stammt wahrscheinlich aus der Goldgräberzeit in Kalifornien. Dort wurden schreckliche Schaukämpfe zwischen Bullen und Bären veranstaltet. Der Bulle versuchte dabei, den Bären mit seinen Hörnern nach oben zu heben (daher steht er für steigende Kurse), und der Bär versuchte, den Bullen mit seinen Tatzen nach unten zu drücken (daher steht er für fallende Kurse). Manchmal werden die steigenden Kurse auch mit dem französischen Wort

Hausse bezeichnet. Hausse spricht man „Ooße“ aus. Die fallenden Kurse heißen Baisse, das spricht man „Bääße“.

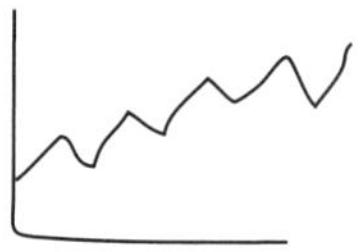

DAX, Nikkei und Dow Jones

Das sind Begriffe, die oft im Radio oder im Fernsehen zu hören sind: sie bezeichnen die Kursentwicklung der Aktien bedeutender Firmen in bestimmten Ländern. Der DAX ist der Deutsche Aktien Index, der Dow Jones (sprich „Dau Dschons“) steht für US-amerikanische Firmen und der Nikkei für japanische Firmen. Steigt der DAX, dann heißt das, dass viele Leute die Aktien der Firmen kaufen, die auf der Liste des Deutschen Aktienindex stehen. Die Aktionäre glauben also, dass es den Firmen gut geht und sie mit den Aktien Geld verdienen können. Wenn der DAX sinkt, bedeutet das, dass viele Leute die Aktien der DAX-Firmen verkaufen. Deren Aktien verlieren dann an Wert. Weil im DAX, im Dow Jones und im Nikkei die wichtigsten Firmen der betreffenden Länder vertreten sind, kann man an der Entwicklung von DAX, Dow Jones und Nikkei erkennen, ob es der Wirtschaft in diesen Ländern gerade im allgemeinen gut oder nicht so gut geht. Ines erklärt Leopold und Nele, was DAX, Nikkei und Dow Jones sind, doch um das zu verstehen, muss man schon viel von Aktien und Wirtschaft wissen. Deshalb ist auch der junge Mann in der Börse so beeindruckt.

Dividende und Stimmrecht

Aber was hat man nun von einer Aktie? Zum einen hofft der Aktionär, dass die Firma erfolgreich ist, viel Geld verdient und Gewinne macht. Wenn die Firma Gewinne macht, dann bekommt der Aktionär etwas. Die Firma beteiligt nämlich die Aktionäre am Gewinn und zahlt jedem jährlich einen bestimmten Betrag aus, den man Dividende nennt. Je mehr Aktien man nun von dieser Firma hat, umso mehr bekommt man ausgezahlt. Der Norbert freut sich also, wenn bei Coca Cola alles gut läuft und er viel Dividende bekommt.
Jeder Aktionär hat außerdem ein Stimmrecht, d.h. auf den jährlich stattfindenden Aktionärsversammlungen darf er über viele Fragen, die die Firma betreffen, mit abstimmen.

Gewinne und Verluste

Der Norbert verdient aber nicht nur an der Dividende. Mit dem Erfolg einer Firma steigt auch meistens der Kurs der Aktie. Wenn der Norbert eine Aktie für 50 Euro gekauft hat und dann der Kurs der Aktie steigt und steigt, bis die Aktie z.B. 120 Euro wert ist, und der Norbert dann die Aktie weiterverkauft, erzielt er einen Gewinn von 70 Euro. Hätte jemand sehr viele Aktien gekauft und würde sie jetzt verkaufen, wäre er reich. Darauf hofft der Norbert, und darauf hoffen auch die

Nachbarn in der Adalbertstraße und gehen Gurke auf den Leim. Sie denken, sie können mit Aktien ganz leicht viel Geld verdienen.
Aber so leicht ist es nicht. Man kann genauso gut einen großen Teil seines Geldes verlieren, denn es ist ja nicht sicher, dass die Firma das, was sie herstellt, auch immer gut verkauft. Sind es Waren, die gerade niemand kaufen möchte, dann verdient die Firma wenig. Und da sich das über Zeitungen, Fernsehen und Internet herumspricht, verkaufen viele Aktionäre ihre Aktien. Dadurch sinkt der Wert der Aktie. Anstatt 50 Euro ist unsere Aktie vielleicht nur noch 40 Euro wert, also liegt der Verlust jeder Aktie bei 10 Euro. Jetzt muss sich der Aktionär überlegen, ob er die Aktie behält. Er hofft, dass es der Firma bald wieder besser geht. Oder er versucht, die Aktie ganz schnell zu verkaufen, um nicht zu hohe Verluste zu machen. Man kann seine Aktien jederzeit verkaufen, das stellt die Börse sicher, an der die Aktie gehandelt wird. Aber wenn niemand die Aktie kaufen will, dann sinkt ihr Preis immer weiter, bis jemand kauft. Vielleicht hat er von irgendjemand gehört, dass die Firma bald ein neues Produkt herausbringen wird, auf das die Welt nur gewartet hat. Also kauft er die Aktie sehr billig, weil er sich sicher ist, dass sie bald wieder sehr wertvoll sein wird, also im Kurs steigt. Um abschätzen zu können, wie sich eine Firma entwickelt, muss man Bücher und Zeitschriften lesen und sich im

Internet informieren. Das ist es, was der Norbert den ganzen Tag lang macht, und was Leopolds Mama so nervt.

Der Schwarze Freitag

Es kommt vor, dass Aktien sehr viel an Wert verlieren, aber gleichzeitig steigen die Aktien von anderen Firmen, so dass immer ein Ausgleich da ist. Nur manchmal fallen die Kurse von allen Aktien gleichzeitig ganz stark. Das ist dann ein Börsenkrach. Vor fast 80 Jahren, am 24. Oktober 1929, kam es in den USA zu einem plötzlichen Absturz der Kurse. Diesen Tag nennt man bis heute den „Schwarzen Freitag“, obwohl es eigentlich ein Donnerstag war. Damals verloren viele Aktionäre ihr Geld, schlimmer noch: eine große Krise brach aus, sie war so groß, dass sie Weltwirtschaftskrise genannt wurde. Der Opa berichtet Leopold davon, wie seine Vorfahren durch den „Schwarzen Freitag“ viel Geld verloren haben.

Spekulieren

Das hat nichts mit Gebäck zu tun, wie Leopold erst dachte. Spekulieren ist, wenn man Aktien kauft und hofft, ganz schnell viel Geld damit zu verdienen. Oft kaufen dann Leute Aktien von Firmen, die neu sind,